Finansielle citater

- og hvad vi kan lære af dem

Forfattere
Richardt Radek Larsen
Kenneth Enrico Larsen

Finansielle Citater
- Og hvad vi kan lære af dem

Forlag: BoD – Books on Demand, Hellerup, Danmark
Tryk: BoD – Books on Demand, Norderstedt, Tyskland

ISBN: 978-87-4304-852-7

Forord

Vi elsker citater - Elsker dem

For citater er viden pakket sammen i en kort sætning der kan pakkes ud og fortolkes på mange måder.

Det er som en god ven der giver et godt råd når du lige står og mangler det. Et råd med flere lag, jo mere du ved om emnet, jo mere giver rådet dig.

Og er der noget den finansielle verden er fuld af, så er det råd og citater, der er godt og skidt, noget som passer på alle, noget som passer på de få, men der er viden i det hele.

Det som citater gør, er at få dig til at tænke og forholde dig til verden.
Prøve at forstå den, forklare den, efterprøve den, de får dig til at blive selvsikker, usikker, glad, sur, rasende, ekstatisk for fremtiden og hvad det hele kan drives til.

Og så er det alt det larm som ligner guld, men nok mere er sagt bare for at sige noget, men sådan er verden også. "Der er altid mulighed for at det er forkert"

Et citat som jeg elsker er:
"Hvis du ikke kan være det gode eksempel, så kan du altid være eksemplet på hvordan man ikke skal gøre"

Og det har vel også en eller anden form for værdi

Kenneth Enrico Larsen (Udbyttebror)

"An investment in knowledge pays the best interest"
- Benjamin Franklin

Kenneth : Når du investerer i dig selv, så gør du dig bedre til alt du gør, det kan godt være det er et regnskabskursus, men du bliver nok også bedre til at sjusse dig frem til tallene og estimere, så der er altid udbytte af at tilegne sig mere viden, og det holder livet igennem.

Richardt : Jeg har haft mange jobs gennem livet, og hver for sig har de ikke givet mening udover at skaffe en månedsløn hjem, men med tiden er de blevet til byggestenene i min viden og færdigheder, og har hjulpet mig med at blive mere kompetent til mit arbejde og liv generelt. Selvom jeg har haft dårlige job, så ville jeg ikke bytte dem væk nu hvis jeg kunne.

"Time in the market beats timing the market – almost always"
- Ken Fisher

Kenneth : Om at være med, frem for at vente på det rigtige tidspunkt. For ved at være med, så følger man mere med, man lærer mere, for det er hånden på kogepladen, følg med for ellers er det dine penge du taber.

Richardt : Nå først du er i gang, så giver du dig selv tid til at indsamle viden, og blive bedre til at træffe beslutninger. Det er en læring som aldrig slutter.

"If you think long, you think wrong"

- Ukendt

Kenneth : Intuition virker, ens underbevidsthed ved det meste, lyt til den, man kan så let overtænke alt

Richardt : Der vil altid være data der understøtter det du gerne vil eller det du frygter, og frygt er mere udholdende. Så derfor vil en lang tankeproces ofte føre til en beslutning baseret på din frygt. Du udmatter simpelthen dig selv.

"Warren buffet siger……"
- Ukendt

Kenneth : Bare fordi nogen gør noget som virker for dem, så er det ikke sikkert det virker igen eller for dig, men det kan godt være det gør, men det er det man skal vurdere for sig selv, lave sin due diligence som man siger.

Richardt : Det er et argument under kategorien "Call to authority", hvor man bruger en anerkendt success som garant for det er godt, om det så er sandt eller ej. Pas på med dem.

"Hellere komme galt afsted end slet ikke at komme afsted"

\- Ukendt

Kenneth : Bedre at komme ud og forsøge end at der aldrig sker noget, stilstand er kedeligt, og det føre ingen vejne

Richardt : Hvis du ikke prøver, så opdager du aldrig hvad der kunne være sket.

"Fail fast and fail often, but always fail forward"
- John C Maxwell

Kenneth : Om at der er læring i at fejle og man bliver bedre og bedre hver gang, for når man fejler så er det der at man helt tydeligt kan se hvad der gik galt, og man er måske lidt skuffet over sig selv og er der villigt til at se om det er ens egen fejl der fik det til ikke at virke, for det er ikke let at tage det på sig, slet ikke hvis man er passioneret

Richardt : En af mine yndlingscitater om at lære mest muligt af dine fejl.

"In the short run, the market is a voting machine, but in the long run, it is a weighing machine"
- Warren Buffett

Kenneth : Om at det er popularitetskonkurrence nu, men værdi senere. Markedet er som en gruppe mennesker som siger de kan en masse og dem som råber højest de bliver måske valgt af flest, men over tid så vil dem som faktisk kan noget blive vægtet højere og valgt mest.

Richardt : Måske det er pga dette at markedet har så mange pludselige stigninger og fald, forklarer fint mekanikken i aktiemarkedet.

"Put your money where your mouth is"

\- Ukendt

Kenneth : Når man mener noget, så gør man vel noget, om at vise at man gør som man siger at andre skal gøre, gå vejen man siger andre skal gå

Richardt : Det er vigtigt at sætte handling bag sine ord for at vise at man tror på dem i praksis. Det forhindrer også en i at få et stort ego fordi man tror man altid har ret hvis man ikke oplever fejlene.

"Den bedste dag at starte med at investere var i går"
- Ukendt

Kenneth : Man kan bruge hele livet på at vente på lige den chance der skal til, så man virkelig kan få det ud af livet man vil, men sådan er livet ikke, gå i gang nu, det er altid det rigtige tidspunkt, selv under kriser, gullaschbaronerne blev meget rige, omend ret uetisk vil mange mene.

Richardt : Om at komme i gang, da tiden arbejder for dig når du er i gang, men imod dig når du ikke endnu er begyndt.

"Get out in May, and stay away till October"

- Ukendt

Kenneth : Jeg tænker mere det var i fortiden hvor det hele ikke gik så hurtigt og den globale landsby ikke var der. Nu sker der noget hele tiden og at forsvinde så længe fra marked vil gøre at man misser mange gode muligheder.

Richardt : Om at aktiemarkedet tager en lur i sommervarmen, og at der ikke sker så meget. Det vil jeg mene ikke længere er virkeligheden. Hvis man kigger på kurssvingningerne, så er der i 2022 sket mere i sommermånederne, end udenfor.

"Wealth consists
not in having great
possessions, but in
having few wants"

- Epictetus

Kenneth : Det handler jo om at man ikke skal jage at have det hele, men mere at gå efter det man vil have, så man ikke ender livet med en masse ting man ville ønske man havde fået og en masse man ikke rigtig ville have.

Richardt : Når man har små udgifter, eller blot mindre end sine indtægter, så oplever man livet som værende rigt. Både på oplevelser og penge. Dette er sandt i mit liv, og det er derfor at jeg først fokuserer på at holde mine udgifter lave, og siden på at skaffe flere penge.

"Annual income twenty pounds, annual expenditure nineteen six, result happiness. Annual income twenty pounds, annual expenditure twenty pound ought and six, result misery"

- Charles Dickens

Kenneth : Alt bliver lettere når man har overskud, de fleste af os har prøvet at leve fra lønningsdag til lønningsdag, og hvor der ikke er overskud til meget, slet ikke mentalt. Men med økonomisk overskud kommer mere mentalt overskud, for man laver bedre planer, man planlægger mere, man vokser som menneske når man ikke har travlt med at komme igennem hverdagen frem til lønnen.

Man lever og drømmer mere, og vokser og bliver bedre til at lave og opretholde det overskud, mentalt og økonomisk.

Richardt : Det handler om at selv et lille overskud gør en verden til forskel fra et lille underskud. Det giver ro og god nattesøvn at være økonomisk stabil og i plus. Og denne stabilitet giver muligheder for at udvikle og bygge det liv du ønsker.

"Opportunity is missed by most people because it is dressed in overalls and looks like work"

\- Thomas Edison

Kenneth : Man kan få ting til at ske mere hvis man er villig til at arbejde for det, og ikke være snobbet og tro at man skal bare være den rige investor som har andre til at arbejde for sig.

Mange muligheder kræver at man går til den og lægger timerne og tager de sure opgaver også.

Richardt : Rigtig mange mennesker har så meget fokus på hvor de gerne vil ende med at være rige, at de ikke ser de muligheder de burde gribe for at skabe deres rigdom.

Det er også lidt en stikpille til at folk skal gøre arbejdet og ikke forvente at lynet slår ned, og de vinder i lotto eller lignende.

"Formal education will make you a living; self-education will make you a fortune"
- Jim Rohn

Kenneth : En uddannelse giver en grunduddannelse i at arbejde med noget, men man bør ikke stoppe med at lære bare fordi man går ud af skolen, for kan du blive ved med at være nysgerrig og ville mere og samle viden og erfaringer så kan du mere og mere, også skabe et imperium.

Richardt : At få en uddannelse kan jeg anbefale de fleste, men at uddanne sig selv gennem hele livet vil jeg anbefale alle. Det er forskellen mellem at leve for arbejdet og arbejde for at leve. Jeg er fx. uddannet som lærer, men min egen uddannelse er kontinuerligt at finde nye og gode måder at bruge min formelle uddannelse på at leve et godt liv og producere noget som jeg kan tjene penge og oplevelser på.

"Money is only a tool. It will take you wherever you wish, but it will not replace you as the driver"

- Ayn Rand

Kenneth : Det er dig som bestemmer om du vil være en rig mand/kvinde som giver til hvad du mener er gode formål, eller om du vil en idiot som folk kun er omkring fordi du er rig, penge skaber ikke lykke, men det kan hjælpe hvis du selv styrer i den retning.

Richardt : Dette minder mig om at al retning skal komme fra mig selv, og at lige meget hvor mange penge jeg får, så skal jeg selv træffe beslutningerne om hvad det skal bruges til. Det handler også om faren ved at penge kan komme til at styre dit liv, hvis du kun fokuserer på tjene flere penge. Penge skal bruges til noget for at være nyttige, for ellers er det blot dig der er til grin.

"Happiness is not in the mere possession of money; it lies in the joy of achievement, in the thrill of creative effort"
- Franklin D. Roosevelt

Kenneth : Vi taler tit om at penge ikke gør en lykkelig, og det er sådan set korrekt, men det kan give dig friheden til at skabe det liv som vil gøre dig lykkelig. At skabe noget som måske lever videre end ens egen tid på jorden, det er for mange et godt levet liv.

Richardt : Jeg har en stor skabertrang, og det er virkeligt en af de store glæder i mit liv at skabe noget. Både i træ i mit værksted, og på aktiemarkedet hvor jeg både bygger en nuværende og fremtidig indtægtskilde og en opsparing til min datter, så hun kan starte flere skridt længere fremme end jeg selv gjorde.

"Empty pockets never held anyone back. Only empty heads and empty hearts can do that"
- Norman Vincent Peale

Kenneth : Mange ting kan startes uden penge på lommen, men man skal være villig til at arbejde for det, fx få et arbejde, bruge mindre end man tjener, investere det overskud i noget som kan udvikle dig til et bedre betalt job, eller en passiv indkomst, eller at opbygge en forretning.

Richardt : Selv med meget små eller ingen midler, så kan man bygge noget op hvis man har sit hoved og hjerte med. Jeg begyndte selv at investere i aktier da jeg var arbejdsløs og fik færre penge udbetalt end nogensinde. Man kunne nemt have tænkt at det var det forkerte tidspunkt at starte på, men det var motiveret af en ide om at jeg kunne skabe noget, og at jeg lige nu manglede det mere end nogensinde. Og det er sku gået meget godt indtil videre.

"Try to save something while your salary is small; it's impossible to save after you begin to earn more"

- Jack Benny

Kenneth : Jeg synes ikke det er umuligt at spare efter man er blevet mere velhavende, men det er betydeligt sværere mentalt, for man vænner sig lynhurtigt til at spise meget ude, lækkert tøj, aldrig at sige nej til at tage med i byen og alt det som jo også gør livet værd at leve, men måske man vil mere, men det kan være svært ville ofre alle de behagelige ting.

Richardt : Det virker forkert, men jeg er enig. Og du hjælpes af 2 ting. For det første så er du økonomisk presset til at acceptere hårde eller vidtrækkende konsekvenser. Og for det andet så vil selv små besparelser betyde mere fordi de sker i en lille økonomi. Når du så begynder at tjene mere, så er udfordringen at holde de lave udgifter, og så vil selv små stigninger i indkomst betyde ganske meget.

"Investing should be more like watching paint dry or watching grass grow. If you want excitement, take $800 and go to Las Vegas"
- Paul Samuelson

Kenneth : Investering er kedeligt når det virker, det er super let at få masser af action, men det er ofte den hurtige vej til at miste penge. lav action er at investere i indeksfonde, der er få ting som er mere kedelige, men det virker, ikke hurtigt og der er ingen raketter, men det virker.

Richardt : Det er virkeligt hårdt for at mig at der sker på lidt med mine udbytteaktier, og det er nok derfor at jeg afprøver så mange platforme, har startet en podcast, og begiver mig ud på at en masse små eventyr og projekter, som fx at skrive en citatbog.
Så jeg ved at det er kedeligt, og at det er meningen, men så må jeg jo lave noget andet mens jeg venter.

"Rich people have small TVs and big libraries, and poor people have small libraries and big TVs"
- Zig Ziglar

Kenneth : Kogt ned så betyder det at rige folk som forbliver rige, de har vanen med at tilegne sig viden hele tiden, frem for at lade sig passivt underholde af et tv.

Det kan være ganske fint med afslapning foran et tv, men er det det eneste man gør, så går livet bare, og der sker ikke ret meget, man spilder bare livet.

Richardt : Dette citat er der ofte meget modstand på, og mest fordi det er kendt at rige mennesker ofte bygger hele biografsale i deres store huse.

Men det skal ikke læses bogstaveligt, men mere ses som en ide om at bøger er en aktiv proces hvor du lærer noget og udvider dig som person, og hvor TV er en passiv måde at blive underholdt på.

Dette er dog også forkert. TV og online videoer kan være en enorm kilde til viden, selvudvikling og indtjening, så det handler om hvordan du bruger det.

Så grunden til at jeg godt kan lide dette citat, er at det minder mig om ting ikke er det som betyder noget, men det som du bruger tingene til er det vigtigste. Så læs bøger, se tv og video, lyt til radioen. Gør hvad du vil, men brug det til noget.

"I have not failed.
I've just found
10,000 ways that
won't work"
- Thomas A. Edison

Kenneth : Fejl sker, og vil fortsætte med at ske, men man kan ofte lære af sine fejl og så får de en anden og mere positiv betydning, for så ved man hvordan man ikke skulle gøre, og det kan være ret praktisk, faktisk afgørende for ens success længere henne af vejen.

Richardt : Det handler bare om at holde modet oppe og ikke hænge sig i de ting der ikke virker, men se det som et skridt mere i retning af success. Humor er en god måde at håndtere modgang på.

"If you don't value your time, neither will others. Stop giving away your time and talents. Value what you know & start charging for it"
- Kim Garst

Kenneth : Den her provokerer mig, fordi jeg tror det er rigtigt og jeg er slem til at gøre det. Jeg er teknisk designer, og det er let for mig, så jeg undervurderer hvad min indsats betyder for andre og prissætter mig selv alt for lavt. Jeg bliver bedre til at lade være, men det er svært, men vigtigt at lære, for ellers kan du være den bedste men blive betalt som den dårligste, og det er jo heller ikke fair.

Richardt : Jeg har svært ved dette, da jeg gerne vil være flink og hjælpsom uden at forvente noget igen af mine venner og bekendte. Det er en del af mit kristne livssyns der kommer til udtryk her. Men pointen er god nok i og med at du har ting du kan, som andre mangler, og se de gerne betaler dig for. Og du er ikke en led kapitalist når du tager dig betalt for at gøre noget for andre som de mangler. Ofte vil du finde at de er både glade og villige til at betale for det, og alle ender med at være lige så tilfredse som hvis de fik det gratis.

"The habit of saving is itself an education; it fosters every virtue, teaches self-denial, cultivates the sense of order, trains to forethought, and so broadens the mind"

- T.T. Munger

Kenneth : At satse på noget, fx at spare op, det tvinger en til at vælge hvad man kan undvære og hvad som er vigtigt for en, det lærer en, at ens valg har konsekvenser og at ting påvirker hinanden, det påvirker hele ens liv at være kritisk over for sig selv.

Richardt : Det er sku svært at være diciplineret og gøre de rigtige ting. Også når det handler om at spare op, og holde fast i gode pengevaner. For hvis du stopper med at gøre en indsats, så falder du nemt tilbage til dovenskab og ødselhed. Det har i hvert fald været mønsteret for mig.
Disciplin er ikke en ting du lærer for derefter at kunne det for evigt. Det er en muskel der skal bruges hele tiden for at holde en igang. Men den gode nyhed er at disciplin påvirker alle aspekter af dit liv positivt, selv hvis du kun fokuserer på at blive disciplineret på et område, som fx. din økonomi.

"It's not the situation, but whether we react (negative) or respond (positive) to the situation that's important"
- Zig Ziglar

Kenneth : Jeg synes dette er rigtigt en stor del af tiden, men ikke altid, men ja hvordan vi modtager de ting der sker, er langt vigtigere end hvad der sker, for vi skal leve med hvordan vi har det med det som er sket, men selve det der skete er væk, det er i fortiden nu, og den kommer aldrig tilbage, men livet fremad er det vigtige.

Richardt : Jeg ser livet som en virkelig dårlig atletikbane hvor en eller anden idiot har bygget plankeværker, vandgrave, mure og rutchebaner undervejs. Så jeg ved ikke hvad jeg møder på vejen rundt, og jeg kan heller ikke vælge hvad jeg vil møde. Det eneste jeg kan gøre, er at handle velovervejet og tackle de hindringer jeg møder.

Og for mig virker det bedst hvis jeg har en form for plan for de forskellige ting og lærer og bliver bedre hver gang jeg møder en type forhindring.

"Screw it, Let's do it!"

- Richard Branson

Kenneth : En af mine personlige filosofier, for nogle gange så skal bare bare give los. Man har halvdårlige argumenter for og imod, men man føler man burde gøre det, at man ville fortryde hvis man ikke prøvede, selv hvis det går galt.

Richardt : Ofte når man til et punkt hvor man ikke længere kan samle informationer, men skal tage en besluttning. Og der er valget mellem at gøre det eller lade være. Og nogen gange er vægtskålene lige tinge og der er ingen klar beslutning. Her er man nødt til at træffe et valg baseret på den følelse du har om det, og så håbe på det bedste.

"As long as you're going to be thinking anyway, think big"
- Donald Trump

Kenneth : Ja hvorfor ikke, det er næsten samme indsats om du tænker på små eller store ting, og store ting er jo alligevel bare flere små ting samlet, så tænk stort.

Richardt : Det er altid en god ide at bruge sin energi fornuftigt. Og tanken er her at resten af verden skal nok forsøge at skyde dine planer, drømme og ideer ned, så der er ingen grund til at du selv begynder inden du er kommet ordentligt i gang.

"The Stock Market is designed to transfer money from the Active to the Patient"

- Warren Buffett

Kenneth : Der er mange som investere i aktier som ikke rigtig ved hvad de laver. De gætter meget, er fulde af ubegrundet selvtillid og vilje, og det beundrer jeg meget, for de kommer ud over stepperne og lærer en masse hvis de er heldige og villige. Desværre så går det ofte også galt for dem, og de penge de taber bliver ofte samlet op af dem som er tålmodige og investerer mere behersket

Richardt : Det er en snærende tanke at du kan tjene penge blot ved at forholde dig i ro efter at du har investeret, og mange danskere som er på vej mod FIRE har taget denne tanke til sig. Og selvom det er korrekt, så ved jeg om mig selv at det ikke er nok for mig. Jeg har brug for mere spænding, så derfor laver jeg mange andre projekter for at holde mig beskæftiget.

"When buying shares, ask yourself, would you buy the whole company?"
- Rene Rivkin

Kenneth : Ja ville man egentligt det? Ikke at man skal, men det kan være en god måde at sætte det på spidsen på og finde ud af hvad man virkelig mener.

Richardt : Det er en hurtig, nem og effektiv metode til at trykprøve sin købsbeslutning på. Der er også mange der udtrykker det på den måde at de kun vil investere i noget de har forstand på. Jeg er lidt bredere og vil sige at jeg kun investerer i noget jeg kan få forståelse for. Det gør feltet bredere, risikoen større og livet lidt mere spændende.

"Don't tell me what you value, show me your budget, and I'll tell you what you value"
- Joe Biden

Kenneth : Ja det man gør er jo det man har vurderet var det vigtigste for en, og det er fakta, man har gjort det. Resultatet er der, man kan ikke tale sig fra det, der kan man se hvad man faktisk mener var vigtigt.

Richardt : Det er den anden side at mønten om at lægge dine penge hvor din mund er. For vi taler tit om hvad vi mener, men det er vores handlinger der virkeligt viser hvad vi går op i.

"It takes as much energy to wish as it does to plan"

- Eleanor Roosevelt

Kenneth : At sidde hjemme og ønske livet var anderledes hjælper ikke dig til at gøre det anderledes, men at gøre noget praktisk og planlægge kræver lige så meget af dig, så du kan ligeså godt vælge den aktivitet som giver noget nyt og mere.

Richardt : Skal du bruge din energi, så brug den dog på at producere noget håndgribeligt og ikke bare drømme tiden væk. Omkostningen er den samme,så skab dog noget du kan bruge til at skabe yderligere fremgang med.

Bonus citater fra dine udbyttebrødre

"It's Paying dividends"
- Udbyttebror Richardt

Richardt : Det er jo blot at udbytte investeringer og investering i viden om investering bærer frugt. Men mere uddybende handler det om at fejre sine sejre og bruge de fejringer til at skabe og fastholde motivation til at holde retningen på det skib der er dit liv.

"Tag pengene og løb"
- Udbyttebror Richardt

Richardt : Ved udbytteaktier får du penge ud i hånden hvis du vil uden at skulle miste dine aktier. Så du kan tage dem om løbe selvom alt falder. Det har været det lys jeg har varmet mig ved gennem 2022.

"Når du går ved livets lange buffet bord, så spring bare over den daggamle leverpostej og skiveost, og gå efter guldet: vælg bacon"

- Udbyttebror Richardt

Richardt : Om at gå efter det som du vil have og ignorere det andet. Her udtrykt ved hjælp af min kærlighed for bacon.

"Sådan er det jo"
- Udbyttebror Kenneth

Kenneth : Noget jeg ofte siger, det er en slags, Nå men vi skal videre, det var hvad det var og sådan er det jo, ryst det af mig og videre.
Det er et mentalt punktum, så er det lukket og jeg kan mentalt også rykke videre

"Hvis du har en taber i dit depot, så bliver den der til den bliver en vinder, eller går konkurs"
- Udbyttebror Kim

Kenneth : Om at holde ved, også når de i perioder går ned og virker fortabt, for du kan tage tabet nu og måske begrænse det, men du sælger muligheden for at vinde

Richardt : Livet er cyklisk, så måske kommer den igen. Og der er ingen grund til at samle på tabere, når tålmodighed måske laver dem om til vindere.

"Alt virker, bare vælg noget"
- Udbyttebror Kenneth

Kenneth : Om ikke at overtænke, for mange valg, du har jo allerede sorteret efter lyst og nogle parameter, så vælg noget, du har gjort forarbejdet, du gør noget, det er langt bedre end at sidde hjemme i sofaen og drømme om at måske gøre noget, den alternative version af dig har du allerede slået.

Richardt : Lad være med at kigge på alt, du har jo sorteret feltet ned bevidst og ubevidst alligevel.

"Hvis du ikke udvikler dig, så afvikles du"

- Udbyttebror Richardt

Richardt : En påmindelse om at livet slutter på et tidspunkt, og ved stilstand, så venter du blot på dødens klamme hånd.